수학이랑 친구하기

수학이랑 친구하기

1판 1쇄 인쇄 | 2017. 11. 1.
1판 1쇄 발행 | 2017. 11. 5.

이혜옥 글 | 김복화 그림

발행처 도서출판 거인
발행인 박형준
책임편집 안성철
디자인 박윤선
마케팅 이희경 김경진
등록번호 제2002-000121호
주소 서울시 마포구 와우산로48 로하스타워 803호
전화 02-715-6857, 6859
팩스 02-715-6858

값은 표지에 있습니다.
ISBN 978-89-6379-155-5 73410

초등학교 저학년을 위한

수학이랑 친구하기

글 이혜옥
그림 김복화

거인

1. 수학이랑 만나기

사나운 개, 열개(10까지의 수) … 8

개구리 은행(100까지의 수) … 12

깜깜꽁꽁 장난감 방(여러 가지 입체도형) … 18

부릉부릉 자동차 경주(가르기와 모으기) … 24

교과서 엿보기 … 30

2. 수학이랑 인사하기

썩은니쏙쏙 동물 치과(올림 내림이 없는 더하기와 빼기) … 34

셈셈 마시러 가는 길(올림 내림의 기초) … 40

모양 나라의 모양 전쟁(평면도형) … 46

더더공주와 덜덜왕자(비교하기) … 52

해님의 늦잠(시계 보기) … 58

교과서 엿보기 … 62

3. 수학이랑 친구하기

구름 공장을 찾아라!(더하기와 빼기의 응용) ··· 66

사라진 미술품(여러 가지 모양 변형) ··· 72

토끼네 야채 가게(분류하여 세어 보기) ··· 78

최고의 선물(규칙과 패턴) ··· 84

깡통 숙제 로봇(문제 푸는 방법 찾기) ··· 88

교과서 엿보기 ··· 94

4. 수학이랑 놀기

신기한 구구 항아리(곱셈의 기초) ··· 98

티라노 형제, 만세!(나눗셈의 기초) ··· 104

미국 가는 목마(확률과 통계의 기초) ··· 110

문어 아주머니의 양말 만들기(측정의 필요성) ··· 116

1학년 1반의 아침 음악회(음악과 수학) ··· 122

교과서 엿보기 ··· 126

정답 ··· 128

수학이랑 만나기

수학하면 떠오르는 건 뭐?

바로 바로 숫자!

1, 2, 3…….

세 살짜리 아이들도 아는 쉬운 숫자부터,

80, 90, 100…….

복잡복잡 큰 숫자들까지!

얘들아, 수학 만나러 가자!

사나운 개, 열개 (10까지의 수)

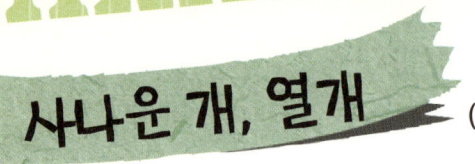

옛날 작은 농장에 사나운 개, 열개가 살았어요.
이름이 왜 열개인가 하면,
"꽥꽥아! 오리 알 열 개 가져 와라!"
"깡총아! 당근 열 개 뽑아 와!"
"꿀꿀아! 빵 열 개 구워 와!"
무엇이든 열 개를 가져오라고 했거든요.
열개는 동물들이 가져온 것들을,

"하나, 둘, 셋, 넷, 다섯, 여섯, 일곱, 여덟, 아홉, 열!"
헤아리거나,

숫자 접시에 올려 놓았어요. 그리고 하나라도 모자랄라치면
불같이 화를 냈어요.

"열 개! 열 개를 가져오라고 했잖아!"

그러고는 동물들에게 밤새도록 일을 시켰지요.

동물들이 일을 하는 동안, 열개는 머리를 요리 돌돌 조리 돌돌 굴리며 생각했어요.

"꽥꽥이는 네 개, 4!

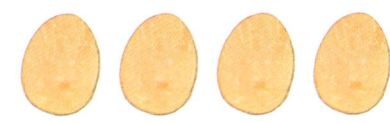

깡충이는 여섯 개, 6!

꿀꿀이는 아홉 개, 9!"

그리고 무릎을 탁 치며 일어났지요.

"옳거니! 9가 6보다도 크고, 4보다도 크구나! 4 < 6 < 9

아홉 개를 가져 온 꿀꿀이는 아침밥을 먹어도 좋다!"

열개는 꽥꽥이를 노려보며 소리쳤어요.

"4는 9보다 작고, 6보다도 작지. 네 개를 가져온 넌 계속 일이나 해!"

그리고 여섯 개를 가져 온 깡충이에게는 잠깐 토끼잠을 잘 수 있게 허락했어요. 사납게 으르렁거리면서요.
그러던 어느 날, 열개는 어마어마한 명령을 내렸어요.
"내가 낮잠을 자고 일어날 때까지, 열 채의 집을 지어라!"
동물들은 한숨을 폭 내쉬었어요.
"이를 어째, 이를 어째!"

그때 깡충이가 눈을 반짝 떴어요.
"집! 벌집도 집이지! 벌집 열 개!"
동물들은 열개가 잠자고 있는 나무 위에 벌집을 올렸어요.
윙윙거리는 소리에 잠에서 깬 열개는,
"으악!"
벌집에서 나온 벌들에 쫓겨 줄행랑을 쳤지요. 덕분에 동물들은 열개 없는 농장에서 알콩달콩 재미나게 살았답니다.

개구리 은행 (100까지의 수)

개골개골 개구리들이 모여 사는 연못가에, 개구리 은행이 문을 열었어요. 개구리 은행장은 개골개골 소리쳤지요.
"사냥한 곤충, 먹다 남은 곤충, 모두 모두 개구리 은행으로 가져 오세요. 은행에 넣어 두면 잃어버릴 걱정 없고, 언제든 필요할 때 꺼내 쓸 수 있어요."

다음 날부터, 개구리들은 풀숲에 숨겨 두었던 파리며, 모기며, 곤충들을 들고 개구리 은행을 찾아왔어요.
"모기 여섯 마리요!"
"파리 아홉 마리!"
개구리 은행장은 개구리들이 가져오는 곤충들을 헤아려 나뭇잎 공책에 꼼꼼히 적었어요. 그리고 곤충들을 은행 안에 차곡차곡 정리해 두었지요.

"어제 풀숲에 숨겨 둔 지렁이 한 마리를 잃어버렸어!"
"저런, 개구리 은행에 맡겨 두면 그 안에서 곤충들이 알을 낳아 저축한 곤충보다 더 많아지기도 하는 걸!"
덕분에 개구리 은행은 개구리들로 북적북적했지요.
"하나, 둘, 셋, 넷……. 이런, 이렇게 세다가는 밤을 새워도 다 못 세겠군!"
개구리 은행장은 곰곰이 생각하다가,
"옳거니! 묶어서 세어 보자!" 했어요.

"10개 정도 되면 2씩 묶어 세고!"

"10개보다 훨씬 많으면 5씩 묶어 세거나,"

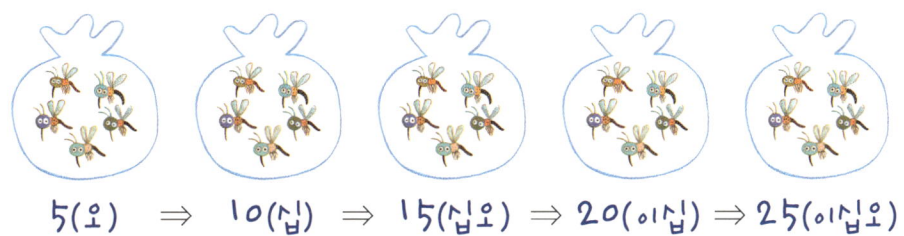

"10씩 묶어 세자!"

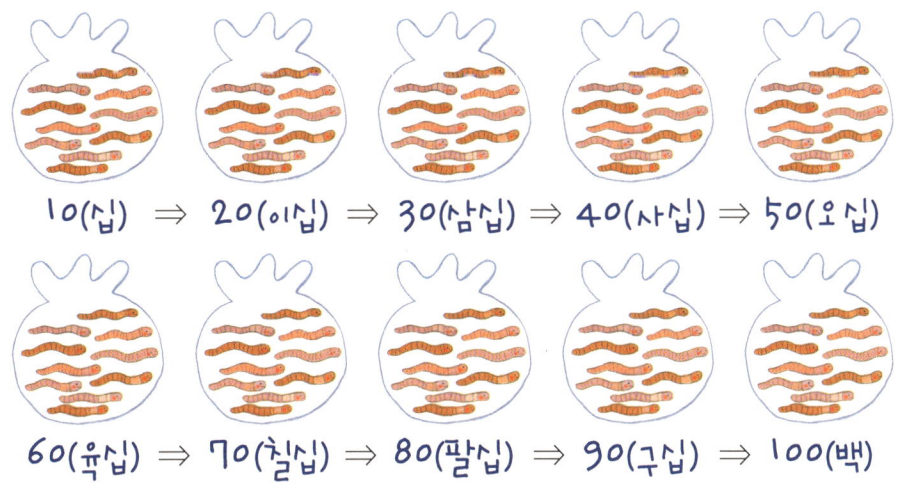

"묶어 세다 남은 것은 어떻게 하냐고? 묶어 센 마지막 수에 하나 둘 더 헤아리면 되지. 이렇게 말이야!"

2(이) ⇒ 4(사) ⇒ 6(육) ⇒ 8(팔) ⇒ 10(십) ⇒ 11(십일)

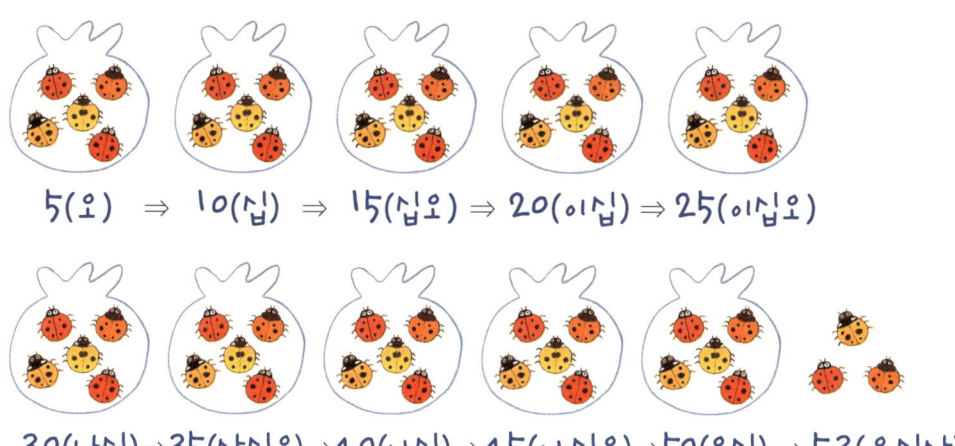

5(오) ⇒ 10(십) ⇒ 15(십오) ⇒ 20(이십) ⇒ 25(이십오)

30(삼십) ⇒ 35(삼십오) ⇒ 40(사십) ⇒ 45(사십오) ⇒ 50(오십) ⇒ 53(오십삼)

가끔 할아버지 개구리들은 이렇게도 말했어요.

"내 파리가 여든아홉 마리지?"

개구리 은행장은 처음에는 어리둥절 식은땀을 흘렸어요.

'헉? 여든? 그게 뭐지?'

그래서 짬짬이 공부를 하며 수를 세는 말도 배웠지요. 덕분에 개구리 은행은 연못에서 가장 큰 은행이 되었어요.

개구리 은행장은 아무리 많은 곤충을 가져와도, 곤충들이 아무리 많은 알을 낳아도 걱정이 없었지요. 묶어 세는 비밀을 알았거든요.

10 / 십 / 열	60 / 육십 / 예순
20 / 이십 / 스물	70 / 칠십 / 일흔
30 / 삼십 / 서른	80 / 팔십 / 여든
40 / 사십 / 마흔	90 / 구십 / 아흔
50 / 오십 / 쉰	100 / 백 / 백

깜깜꽁꽁 장난감 방 (여러 가지 입체도형)

어느 마을에 장난감을 모으는 아저씨가 살았어요.
아저씨는 깜깜한 방에 장난감을 넣고, 문을 꽁꽁 잠가 두었지요. 그래서 장난감들은 깜깜꽁꽁 장난감 방 안에 갇혀 살아야 했어요.
"이곳은 너무 어둡고 답답해!"
장난감들은 아우성쳤어요.
그러자 창문 옆 선반에 있던 블록들이 씩 웃었어요.
"히히, 그래도 우리는 창문 틈으로 세상을 볼 수 있어."
장난감들은 부러운 듯 블록들을 올려다보았지요.

상자 모양 블록이 어깨를 으쓱했어요.
"세상에는 나를 닮은 것들이 아주 많아. 선물 상자도 나를 닮았고 높은 빌딩들도 나를 닮았지!"
기둥 모양도 엉덩이를 씰룩쌜룩 흔들었어요.
"나를 닮은 것도 많지. 사람들이 마시는 음료수 캔도, 거리에 서 있는 전봇대도 나를 닮았어."
모두들 신이 나서 휘휘 휘파람까지 불었지요.

그때, 창문 틈으로 바람이 휘이잉! 블록들이 와르르 아래로 떨어졌어요. 장난감들은 블록 주변으로 웅성웅성 모여들었어요.
"세상의 모습을 더 보여 줘!"
그러자 블록들은 요리조리 척척척, 창문 밖에서 보았던 것들을 만들어 보였어요.
"집은 이렇게 생겼어!"

"부릉부릉 자동차는 이렇게 생겼지!"

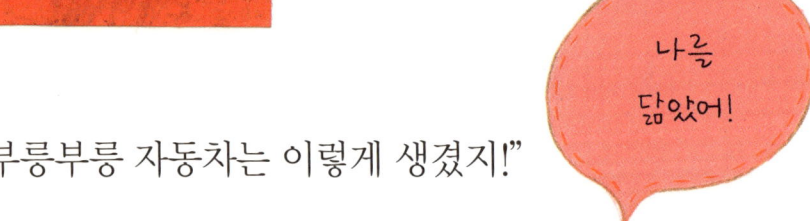

"깜깜꽁꽁 장난감 방에서 나가 세상을 구경하고 싶어!"
장난감들은 엉엉 잉잉 울기까지 했어요.
그러자 블록들이 모여 수군수군, 소곤소곤!
"그래, 그거 좋겠다!"
블록들은 데구르르 구르고, 뚝딱뚝딱 쌓고, 바쁘게 이리저리 움직였어요. 그리고 그날 밤, 아저씨가 깜깜꽁꽁 장난감 방 문을 열자,

"에비!"

깜짝 놀란 아저씨는 바닥에 납작하게 엎드렸어요.
"괴, 괴, 괴물이다!"
장난감들은 깜깜꽁꽁 장난감 방을 탈출했지요.

부릉부릉 자동차 경주 (가르기와 모으기)

여기는 부릉부릉 자동차 경주장! 10 대의 자동차가 출발을 준비하고 있어요.

10 대의 자동차가 경주장 밖으로 출발했어요. 갈림길이 나타나자 1 대와 9 대로 갈라져 지나가네요.

길이 만나는 곳에서 1 대와 9 대가 모여 다시 10 대가 되었어요.

위쪽 다리로 2 대, 아래쪽 다리로 8 대! 다시 갈라졌어요.

양 떼 사이로 3 대, 7 대! 갈라지고,

4 대와 6 대!

5 대와 5 대로 갈라졌다 모였어요.

10대의 자동차들이 터널을 지나고 있어요.
터널 밖에 9대! 그렇다면 터널 안에는
몇 대가 있을까요?

10대의 자동차들이 폭포를 지나고 있어요.
터널 밖에 8대!

그렇다면 터널 안에는 몇 대가 있을까요?

정답 : 1대, 2대

저런, 앞서 가던 5대가 벽에 부딪혔어요.

끌고 가는 5대와 끌려가는 5대!

10대 모두 우승이에요!

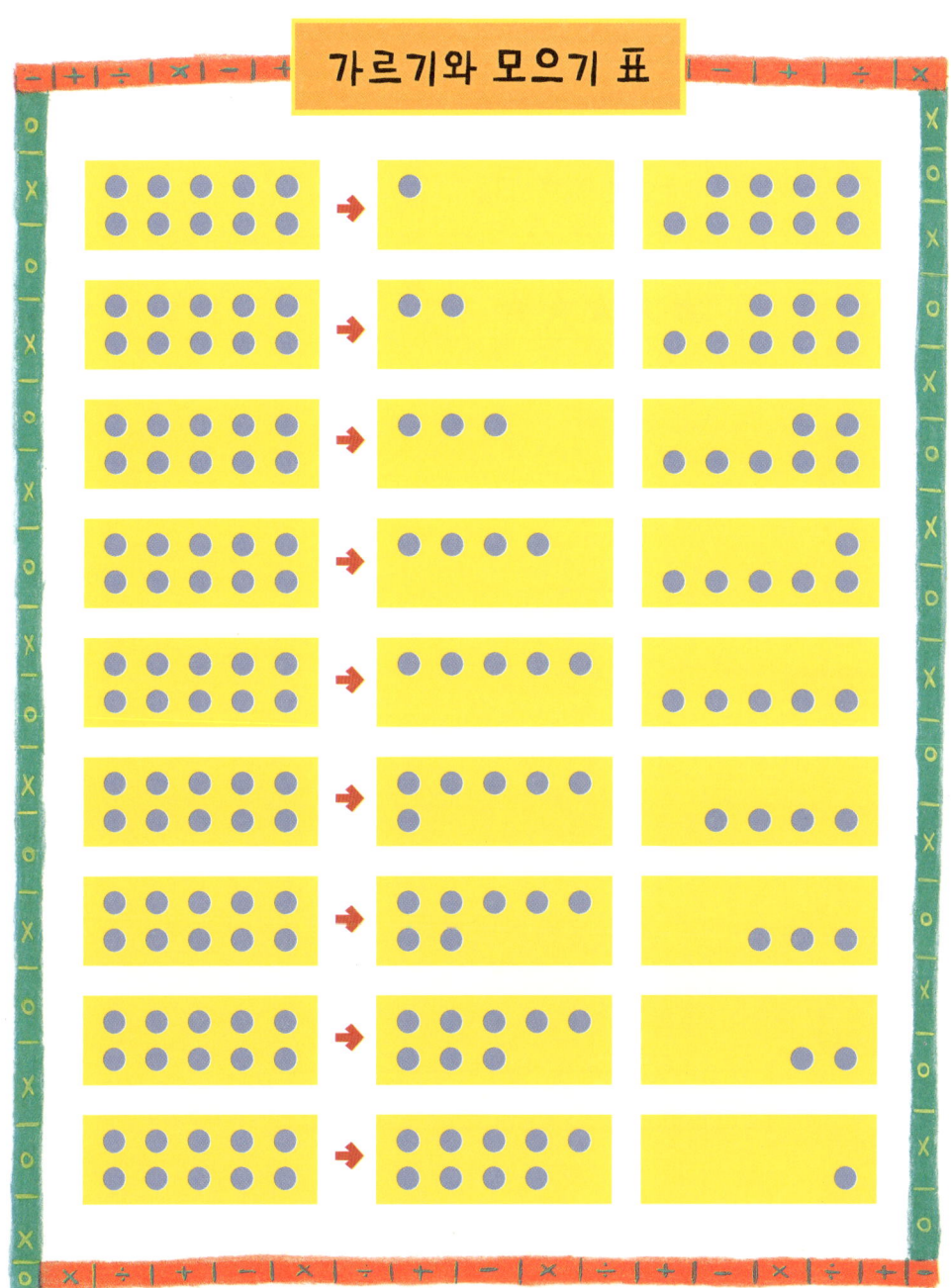

교과서 엿보기

맞춤수학1

관계있는 것끼리 선으로 이으세요.

•　　　　　•　　　　　•　　　　　•

8　　　　　7　　　　　3　　　　　10

•　　　　　•　　　　　•　　　　　•

삼(셋)　　팔(여덟)　　십(열)　　칠(일곱)

맞춤수학2

( )안에 알맞은 수를 써 넣으세요.

48은 10개씩 (　　)묶음이고 낱개가 (　　)개입니다.

73은 10개씩 (　　)묶음이고 낱개가 (　　)개입니다.

94는 10개씩 (　　)묶음이고 낱개가 (　　)개입니다.

〈보기〉와 같이 수를 읽어 보세요.

〈보기〉 35 - (삼십오 , 서른다섯)

24 - (　　,　　)　　　　53 - (　　,　　)

88 - (　　,　　)　　　　97 - (　　,　　)

맞춤수학3

집안에서 아래 입체도형과 같은 모양을 찾아 말해 보세요.

맞춤수학4

빈 곳에 알맞은 수를 써 넣으세요.

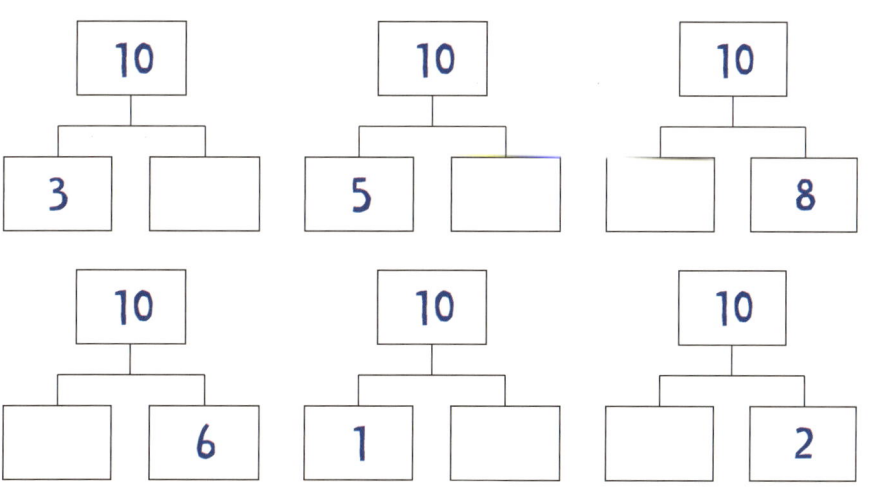

정말이냐고?
히히, 믿거나 말거나!

수학이랑 인사하기

만났으면 예의 바르게 인사를 해야지!
수학나라 인사법은 좀 특별해!
1 더하기 2는?
이건 "안녕하세요?"라는 뜻이고,
3!
이건 "네, 안녕하세요!"라는 대답!
어때? 수학이랑 인사해 볼래?

썩은니쏙쏙 동물 치과 (올림 내림이 없는 더하기와 빼기)

드넓은 초원에 악어 박사의 썩은니쏙쏙 동물 치과가 있어요.
이른 아침 문을 열자마자, 아기기린이 목을 쭈욱, 악어 박사 앞으로 내밀었어요.
"박사님, 새 이가 났어요. 아!"
악어 박사는 아기기린의 입 안을 요리조리 살펴 봤어요.
"윗니가 5개, 아랫니가 4개 났구나. 윗니와 아랫니를 더하면 모두 몇 개지?"
아기기린은 긴 목을 갸우뚱 갸우뚱!
악어 박사는 종이에 그려 주었어요.

아기기린이 돌아가고 아기사자가 달려왔어요.

"박사님, 이가 흔들흔들 흔들려요!"

"옳거니! 9개의 이 중에서 3개가 흔들리는구나. 3개를 모두 빼야겠다."

악어 박사는 눈 깜짝할 사이에 흔들리는 이를 쏙쏙쏙!

"이제 됐다! 9개 중 3개가 빠졌으니 몇 개 남았지?"

아기사자는 눈만 껌뻑껌뻑!

이번에도 악어 박사는 종이에 이를 그려 헤아려 주었지요.

나무 위에 앉아 있던 원숭이가 쯧쯧 혀를 찼어요.

"손가락은 뒀다 뭐해? 손가락을 펼쳐 더하고, 꼽아 빼면 쉬운 걸!"

아기사자가 입을 삐죽거렸어요.

"쳇, 그럼, 4 더하기 3은?"

원숭이는 왼손 세 개를 쫙, 오른손 네 개를 쫙!

"히히, 일곱 개, 7!"

아기사자는 깜짝 놀랐어요.

"그럼, 8 빼기 2는?"

원숭이는 손가락 여덟 개를 펼친 후, 두 개를 꼽았어요.

"히히, 여섯 개, 6!"

아기사자는 원숭이가 정말 대단해 보였어요.

"우와, 정말 똑똑하다!"

"잠깐! 이가 많이 썩은 것 같은데, 입을 좀 벌려 보게!"

원숭이는 손으로 입을 꾹 틀어 막고 고개를 저었어요.

"아프지 않게 치료해 줄게."

그제야 원숭이는 입을 아~ 벌렸어요.

"어이쿠, 멀쩡한 이가 11개, 썩은 이가 12개야!"

그 말에 아기사자가 톡 끼어들었어요.

"그럼, 이는 모두 몇 개죠?"

원숭이는 손가락 발가락을 모두 펼쳐 보았지만, 헤아릴 수가 없었어요. 악어 박사는 다시 종이에 이를 그려 주었지요.

"먼저 썩은 이를 뽑아내자. 그렇지 않으면, 남은 이도 모두 썩게 될 거야!"

악어 박사는 원숭이의 썩은 이를 모두 뽑아냈어요.

원숭이는 너무 아파 눈물을 뚝뚝 흘렸지요.

"이를 잘 닦지 않아서 그래. 지금부터라도 이를 열심히 닦아. 그렇지 않으면 남은 이도 모두 뽑아내야 해!"

이번에는 아기사자가 종이에 이를 그렸어요.

그리고 아기사자가 배를 잡고 깔깔깔 웃기 시작했어요.

"남은 11개가 모두 썩어서 11개가 모두 빠져 버리면? 0! 이가 없는 합죽이 원숭이가 되겠네!"

그 말에 원숭이는 물가로 달려가며 소리쳤어요.
"열심히 이를 닦을 게요, 악어 박사님!"

셈셈 마시러 가는 길 (올림 내림의 기초)

옛날 옛날, 작은 마을에 한 도령이 살았어요. 그 도령은 셈을 싫어하고, 못해서 훈장님께 혼쭐이 나기 일쑤였지요.
도령은 길가에 주저앉아 한숨을 폭 내쉬었어요.
"셈을 잘하면 참 좋으련만……."
그때 나무 위에 새 한 마리가 재잘재잘.
"셈셈 마시면 잘하지, 셈셈 마시면 잘하지~."
도령은 지푸라기라도 잡는 마음으로 물었어요.
"셈셈 그게 어디 있누?"
"호랑 고개 넘어 있지~. 조약돌 20개 있으면 호랑 고개 넘기 쉽지~."
새는 이렇게 재잘거리더니, 날아가 버렸어요.

"호랑 고개에는 사람 잡아먹는 호랑이가 산다던데."
하지만 도령은 셈을 잘하고 싶은 마음에, 조약돌 20개를 주워 들고 셈샘을 찾아 나섰지요.

호랑 고개에 다다르자, 집채만한 호랑이가 "어흥~!" 도령 앞을 막아 섰어요.
"7+3+2가 뭐냐? 못 맞추면 너를 잡아먹겠다."
도령은 조약돌을 와르르 쏟아
하나 둘 헤아렸어요.

조약돌 덕분에 도령은 한 고개를 넘을 수 있었어요. 또 한 고개를 넘으려는데, 이번에도 호랑이 한 마리가 뾰족한 이를 드러내며 어흥!

"7+5가 뭐냐? 맞추면 보내 주고, 못 맞추면 잡아먹겠다."

도령은 조약돌을 만지며 머리를 요리 돌돌, 조리 돌돌!

"12! 7+5는 12네! 어서 길을 비켜 줘!"

호랑이는 하는 수 없이 옆으로 물러섰어요.

7+5가 뭐냐?

5는 3과 2로 가를 수 있으니, 먼저 7과 3을 모아 10을 만들자.

도령이 세 번째 고개에 다다랐을 때 또 호랑이 한 마리가 어슬렁어슬렁 다가왔어요.
"용케 여기까지 왔구나. 이번에는 빼기 문제다! 12-2-3은 무엇이냐? 맞추면 보내 주고, 못 맞추면 잡아먹겠다."
"어이쿠, 이를 어째? 에라, 조약돌만 믿어 보자!"
도령은 땅에 조약돌을 와르르 쏟아 놓고 계산을 했어요.
"답은 7! 휴, 살았다!"
도령은 놀란 가슴을 쓸어내리며, 호랑이가 내어 준 길을 따라 올라갔어요.

12를 10으로 만들 수 있는 것부터 빼면 쉽지.

먼저 2개를 빼면, 10이 남고, 10은 7과 3으로 갈라지니까.

해가 뉘엿뉘엿 질 무렵이 되어서야, 도령은 마지막 고개에 다다랐어요.

이번에도 호랑이가 펄쩍 뛰어나와 도령을 막아섰어요.

"12-5는 무엇이냐? 맞추면 보내 주고, 못 맞추면 잡아먹겠다."

'이 문제만 맞추면 셈샘을 마실 수 있어!'

도령은 주먹을 불끈 쥐고, 조약돌을 헤아렸어요.

"옳지! 답은 7! 맞았지?"

> 5는 2와 3으로 가를 수 있지, 아마!

> 5를 2와 3으로 갈라서, 2를 빼면, 10이 남고, 10에서 남은 3을 빼면, 7!

호랑이는 입맛을 쩝쩝 다시며 아쉬운 표정을 지었어요.
도령은 헛기침까지 에헴 해 가며 셈샘을 향해 갔지요.
얼마 후, 도령 앞에 셈샘이 펼쳐졌어요.
"이게 셈을 잘하게 해 준다는 셈샘이렸다? 어서 마시자!"
도령은 두 손 가득 셈샘을 떠서 벌컥벌컥 마셨어요. 시원한 셈샘물이 몸 안에 들어가니 절로 셈이 술술 되는 듯했지요.
도령은 신바람이 나서 집으로 돌아왔어요. 그리고 마을에서도 최고로 셈을 잘하는 이가 되었답니다.

모양 나라의 모양 전쟁 (평면도형)

먼 옛날, 세상에는 아무것도 없었대요.

그러던 어느 날, 모양 나라가 생기고 점들이 생기더니, 누군가가 점들을 이어 선을 만들었어요.

선이 모여 쿵 붙으면 각을 이루고, 선 3개가 모여 각 3개를 이루어 삼각형, 선 4개가 모여 각 4개를 이루어 사각형, 선 5개가 모여 각 5개를 이루어 오각형…….

어떤 선들은 둥글게 휘어져 원을 이루었어요.

이렇게 모양 나라가 만들어졌지요.

그렇게 세월이 흐르고 흘러 삼각형, 사각형, 원 그리고 또 다른 모양들이 나라를 이루며 살았어요.
하지만 삼각형 나라의 임금님은 생각했어요.
"나는 우리 백성들이 다른 모양과 어울리는 게 싫어!"
사각형 나라의 임금님도 같은 생각이었지요.
"왠지 우리 백성들이 둥글둥글해지는 것 같아."
원 나라의 임금님도 백성들이 부딪혀 깨지는 것을 걱정했어요. 그래서 삼각형 나라와 사각형 나라 그리고 원 나라와 다른 모양 나라들 사이에는 넘을 수 없는 높고 높은 벽이 생겼어요.

또 다시 시간이 흐르고 흘렀어요.
모양 나라를 다스리는 임금님들은 생각했어요.
"백성들은 점점 많아지는데, 땅이 너무 좁아!"
그래서 삼각형 나라와 사각형 나라 그리고 원 나라와 다른
모양들 나라는 전쟁을 시작했지요.
전쟁은 아주 오랫동안 계속되었어요.

그러는 사이 사각형은 부러져 삼각형이 되고,

원은 깨져 사각형이 되고, 오각형은 모퉁이가 닳아 원이 되기도 했어요.

또 한쪽 점이 툭 튀어 나가 선이 되고, 선이 흩어져 점이 되어버리기도 했어요.

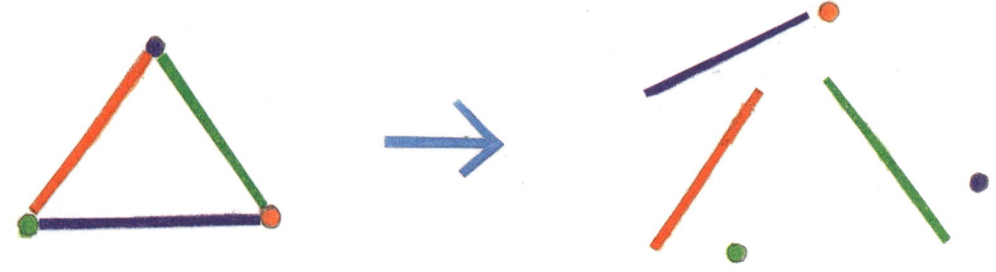

결국 누가 삼각형 나라 병사인지, 사각형 나라 병사인지, 구별하기 힘들게 되었지요.
"우리 모양 나라의 백성들은 모여라!"
임금님들이 아무리 외쳐도 서로 뒤죽박죽 뒤죽박죽!
그래서 임금님들은 생각했어요.
"벽을 허물고 함께 살아야겠군."
그렇게 해서 다시 모양 나라에는 평화가 찾아왔어요.

모양 나라 백성들은 높은 벽을 허물고 알콩달콩 살았어요.
원이 반으로 갈라져 쌍둥이 반원이 되고, 쌍둥이 반원과 삼각형이 만나 하트 모양을 만들었어요.
삼각형 다섯이 모여 오각형을 만들기도 하고, 삼각형이 삼각 모자를 벗어 사다리꼴이 되기도 했지요.
평화로운 모양 나라에는 이루 셀 수 없는 갖가지 모양들이 날마다 날마다 생겨났답니다.

더더공주와 덜덜왕자 (비교하기)

커다란 성에 더더공주가 살았어요.
더더공주는 무엇이든 더 많고, 더 크고, 더 길고, 더 높아야 만족했지요. 그래서 이름도 '더더공주'였어요.
더더공주는 밥도 아주 많이 먹었어요.

"더 많이, 더 많이! 이웃 나라 쪼꼼공주보다 더 많이!"
더더공주는 큰 옷만 입었어요.
"더 크게, 더 크게! 이웃 나라 꼬마 공주보다 더 크게!"

더더공주는 머리카락도 기르고 기르고 또 길렀어요.
"더 길게, 더 길게! 이웃 나라 짧아공주보다 더 길게!"

더더공주의 방은 높고 높은 탑 위에 있었어요.
"더 높게, 더 높게! 모든 공주들 중에서 가장 높게!"

남쪽 나라에는 덜덜왕자가 살았어요.

덜덜왕자의 빵

백성들의 빵

덜덜왕자는 무엇이든 덜 먹고, 덜 쓰고, 덜 가지려 했지요.
덜덜왕자는 먹을 것도 조금만 먹었어요.
"덜 주오, 덜 주오! 백성들이 먹는 것보다 덜 주시오!"

덜덜왕자는 방도 작았어요.
"더 작게, 더 작게! 백성들의 방보다 작은 방에서 살겠소!"
그래서 덜덜왕자는 나라에서 가장 작은 방에 살았어요.

덜덜왕자의 방

백성들의 방

어느 날, 왕자와 공주가 모이는 무도회가 열렸어요.
더더공주와 덜덜왕자도 무도회에 갔고, 둘은 첫눈에 반해 사랑에 빠졌어요. 그래서 더더공주와 덜덜왕자는 결혼을 하기로 했지요.
결혼식을 준비할 때에도 더더공주는 "더! 더!", 덜덜왕자는 "덜! 덜!" 하며 서로 티격태격 싸웠어요.

"결혼식 꽃은 더 많이, 더 많이, 가장 많이!"

"결혼식 드레스는 더 크게, 더 크게, 가장 크게!"

그뿐만이 아니었어요.

더더공주가 입장하는 꽃길을 만들 때에는,

"더 길게, 더 길게, 세상에서 가장 길게!"라고 외쳐댔지요.

결국 신하들은 밤낮을 가리지 않고

세상에서 가장 긴 꽃길을 만들어야 했어요.
"신부 입장!"
음악이 울려 퍼지고, 더더공주는 꽃길을 따라 걷기 시작했어요. 하지만, 꽃길이 어찌나 길고 길던지, 해가 지고, 달이 뜨고, 다시 해가 떠도 결혼식장에 도착할 수가 없었지요. 기다리다 지친 덜덜왕자는 화가 나서 돌아가 버렸어요.
"욕심쟁이 더더공주와는 결혼하지 않을 테야!"
한편 더더공주는 길고 긴 꽃길을 따라 걷다가 지쳐 신하들에게 끌려 돌아가야 했지요.

해님의 늦잠 (시계 보기)

해가 저물 무렵, 동물들이 소곤소곤 이야기했어요.
"아침에 해님이 뜨지 않는다면 어떻게 될까?"
"큰일 나지, 큰일 나! 어두워서 아무것도 안 보일 걸."
"추워서 몸도 꽁꽁 얼어 버릴 거야."
그 말에 해님은 씩 미소를 지으며 햇빛을 거둬들였어요.
"내일 아침에 일찍 뜨려면 어서 자야 해! 아차, 늦잠을 잘 지 모르니 시계에게 부탁해 둘까?"
해님은 품 속에서 시계를 꺼냈어요.
"짧은 바늘이 7, 긴 바늘이 12! 그러니까 7시군!"
해님은 시계에게 부탁했어요.
"시계야, 내일 아침 6시에 깨워 줘."
해님의 부탁에, 시계는 똑딱똑딱!
"짧은 바늘이 6, 긴 바늘이 12! 6시에 깨워 줄게요!"

해님은 그제야 잠자리에 들었어요.

"어? 아침인가?"

해님은 눈을 번쩍 뜨고 시계를 봤어요.

"짧은 바늘이 11, 긴 바늘이 12! 휴, 아직 11시구나."

해님은 다시 눈을 꼭 감았어요.

얼마 후, 뻐꾸기가 뻐꾹뻐꾹 울음을 울었어요.

"어이쿠, 아침인가?"

해님은 화들짝 놀라 시계를 봤어요.

"짧은 바늘이 2, 긴 바늘이 12! 휴, 아직 2시구나."

해님은 다시 눈을 감고 누웠어요.

마른 풀잎이 바스락바스락 소리를 내는 바람에,

해님은 또 잠에서 깨어났어요.

"짧은 바늘이 3과 4 사이, 긴 바늘이 6! 그러면, 3과 4 중에서 작은 수는 3이니까 3시, 긴 바늘이 6에 있으면 30분! 3시 30분이네."

해님은 금세 깊은 잠에 빠졌어요.
"따르르르릉, 일어나세요! 짧은 바늘이 6, 긴 바늘이 12!
6시에요, 따르르르릉!"

시계는 열심히 종을 울렸지만, 해님은 깊은 잠에 빠져 쿨쿨 코를 골았어요.
"이런 어쩌지? 해님이 새벽에 자꾸 깨는 바람에 아침이 온 줄도 모르고 늦잠을 자나 봐."

"우리가 해님을 깨우자!"
"해님, 일어나세요! 6시에요!"
해님은 기지개를 켜며 서서히 떠올랐어요.
"야호, 해님이 일어났다!"
동물들은 신이 나서 빙글빙글 춤을 췄어요.
해님은 미안한 마음에 동물들을 포근하게
비추어 주었지요.

교과서 엿보기

맞춤수학5

덧셈식은 뺄셈식으로 만들고, 뺄셈식은 덧셈식으로 만드세요.

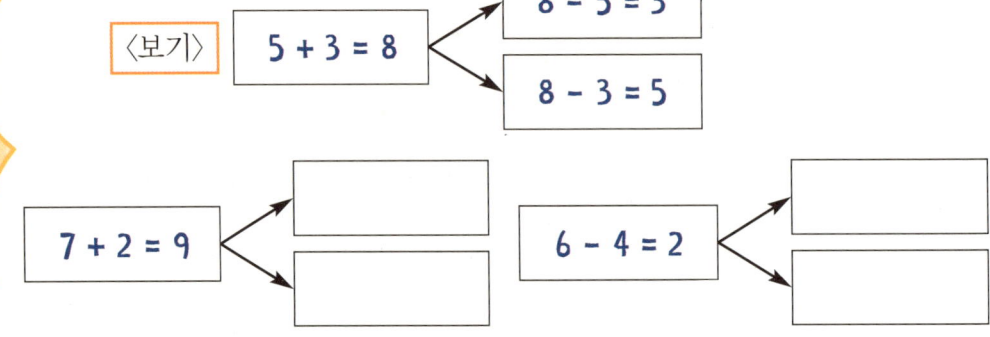

맞춤수학6

두 개의 판에 화살을 쏘아, 화살이 꽂힌 곳에 쓰인 수만큼 분홍색 판은 점수를 얻고, 파란색 판은 점수를 내 주어야 해요.

 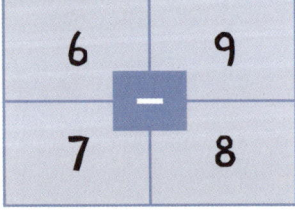

(1) 화살이 15와 8에 꽂혔습니다. 점수는 몇 점일까요?
(2) 화살이 17과 9에 꽂혔습니다. 점수는 몇 점일까요?
(3) (2)가 (1)보다 몇 점 더 많나요?
(4) 화살이 15와 17에 꽂혔습니다. 점수는 몇 점일까요?

맞춤수학7

네모, 세모, 동그라미 모양을 찾고 수를 세어 보세요.

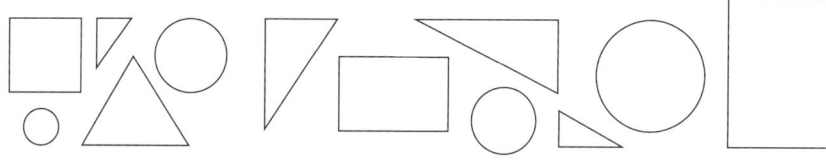

모양	네모	세모	동그라미
개수			

맞춤수학8

물이 가장 많이 들어가는 쪽에 O표, 가장 적게 들어가는 쪽에 X표 하세요.

맞춤수학9

나의 일과를 시계에 나타내어 보세요.

수학이랑 친구하기

수학이 어렵고 복잡한 것만은 아니지?

나랑 친해지면 좋은 점이 아주 많아.
하루하루가 마술처럼 편리해지고,
학교 생활도 놀이하듯 즐거워질 걸.

그러니까, 나랑 친구하자!

구름 공장을 찾아라! (더하기와 빼기의 응용)

햇빛이 쨍쨍 내리쬐는 여름날,
새들이 나뭇가지에 옹기종기 앉아 재잘대고 있어요.
"하늘 좀 봐! 하늘에 구름이 한 점도 없어."
"구름이 며칠째 안 나타났지?"
"5일쯤 됐을 걸. 구름이 없으니 비도 내리지 않아."
"그러게, 땅도 바싹바싹 말랐어!"
"깃털에도 흙먼지만 뽀얗게 앉았는걸."
새들은 날개를 푸덕이며 마른 먼지를 털어 냈어요.
그때, 가장 나이 많은 새가 파드닥 날아올랐어요.
"구름 굴뚝이 막힌 거야. 그걸 뚫으러 가야 해!"

그때 바람이 새들을 막아 섰어요.

"잠깐, 잠깐! 내가 내는 문제를 맞추면 길을 비켜 주지!"

새들은 꼼짝없이 바람이 내는 문제를 맞춰야 했지요.

"자, 빈자리에 2부터 5까지의 수를 한 번씩만 써! 단, 가로 줄에 있는 세 수의 합과 세로 줄에 있는 세 수의 합이 같아야 해!"

"2부터 5까지의 수라면, 2, 3, 4, 5지? 가운데 1이 있으니까, 그건 일단 빼고!"

"먼저, 남은 네 수를 둘씩 짝을 지어 보자!"

"2+3=5, 4+5=9! 이건 합이 다르고!"

"2+4=6, 3+5=8! 이것도 합이 다르고!"

"옳거니! 2+5=7, 3+4=7! 이건 합이 같구나!"

새들은 바람이 내준 길을 따라 신나게 날아갔어요.
그러다가 그만 무지개에 쿵!
단잠을 깬 무지개 요정들이 화가 잔뜩 나서 새들에게 쏘아붙이며 말했어요.
"우리가 내는 문제를 못 맞추면 지나갈 수 없어!"
"어이쿠, 무슨 숫자가 이렇게 많아! 난 못해!"
새들은 눈앞이 깜깜했어요.

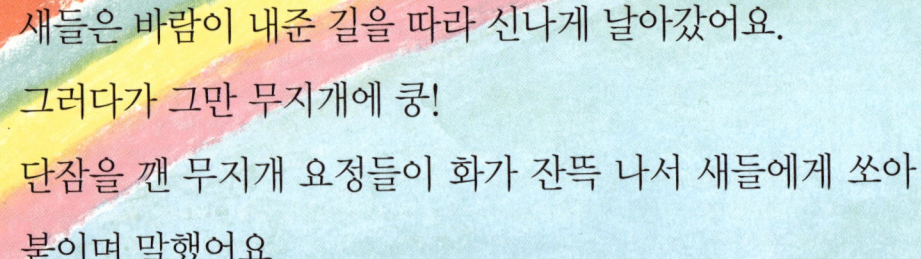

"아니야, 곰곰이 생각해 보면 어떤 규칙이 숨어 있을 거야.
자, 삼각형의 밑에 있는 두 수를 더해 보자."

"5+2=7!"

"그렇지. 그 옆에 것도 해 보렴?"

"1+4=5! 알았다!"

"삼각형 밑에 있는 두 수의 합이 위에 있는 숫자야!"

"그러니까, 2+4=6! 빈자리에 들어갈 숫자는 6!"

무지개 요정은 입을 삐죽거리며 길을 내줬어요.

새들은 더 힘차게 구름 공장을 향해 날아갔어요.

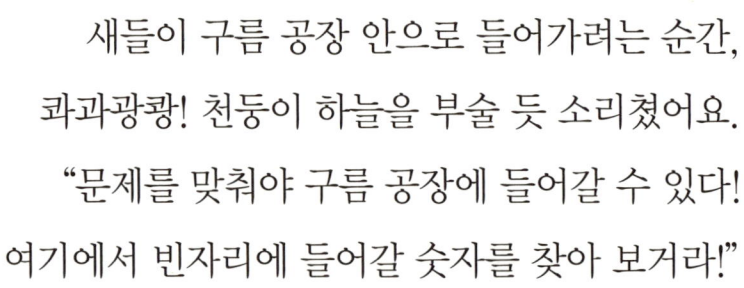

새들이 구름 공장 안으로 들어가려는 순간,
콰콰광쾅! 천둥이 하늘을 부술 듯 소리쳤어요.
"문제를 맞춰야 구름 공장에 들어갈 수 있다!
여기에서 빈자리에 들어갈 숫자를 찾아 보거라!"

"구름 공장 코 앞에서 이게 웬 날벼락이람."
새들은 지친 듯 날개를 축 늘어뜨렸어요.
"모두 이대로 돌아갈 셈인가? 숫자들을 둘씩 묶어
생각해 봐. 규칙을 찾아 보라고!"
"이번에는 빼기야, 빼기!"

"9에서 3을 빼서 아래 6을 썼고!"

"3에서 1을 빼서 아래 2를 썼지!"

"빈칸도 6에서 2를 빼면, 4! 빙고!"

순간 구름 공장의 문이 활짝 열렸어요. 그리고 구름 굴뚝을 막고 있던 까만 먹구름 덩어리가 퐁 튀어나왔지요. 그 뒤로 몽글몽글 구름들이 피어 올랐어요.

"야호, 비다, 비!"

새들은 비를 맞으며 덩실덩실 춤을 추었어요.

사라진 미술품 (여러 가지 모양 변형)

온 마을이 발칵 뒤집혔어요.
귀하디 귀한 미술품 세 점이 사라졌거든요.
미술관에 경찰이며 탐정들이 모여들었지만, 누구도 사라진 미술품을 찾아내지 못했어요.
그러던 어느 날, 꼼꼼씨가 미술관 옆을 지나다가 우연히 장난감 가게를 발견했어요.
"어? 여기 장난감 가게가 있었나?"
꼼꼼씨는 문 밖에서 장난감 가게 안을 꼼꼼히 살폈어요.
"참, 이상하네. 무슨 장난감들을 이렇게 정신 없이 쌓아 놓았을까?"

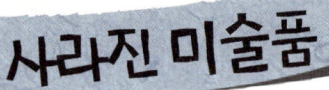

그때 장난감 틈에서 사자 조각상 한 부분이 번쩍 빛났어요.
"어? 저건, 사자 조각상이랑 똑같이 생겼네."
꼼꼼씨는 다시 한번 인형들 사이를 꼼꼼히 살폈지요.
"틀림없이 사라진 사자상이야. 들어가서 더 꼼꼼히 살펴봐야겠어."
꼼꼼씨는 어두컴컴한 가게 문을 열고 안으로 들어갔어요.
"정말 이상해, 여긴 장난감 가게가 아니야!"

험상궂게 생긴 주인이 말했어요.

"뭐가 이상하다는 거지? 혹시 나를 미술품 도둑으로 생각하는 건가? 그렇다면, 내 가게에서 사라진 미술품을 한번 찾아보시지."

주인은 의기양양하게 으르렁거렸어요.

"찾아내지 못한다면, 나를 의심한 벌로 당신은 경찰서에 잡혀가게 될 거야."

꼼꼼씨는 으스스한 주인의 표정에 식은 땀이 주르륵 흘렀어요. 하지만 마음을 가다듬고 찬찬히 가게 안을 둘러보았지요.

순간 꼼꼼씨의 눈에 나뭇조각이
몇 개 보였어요.
"이건 사라진 의자를 닮았군."
주인은 콧방귀를 핑 뀌며 비웃었어요.

"모양이 다르잖소. 모양이!"
꼼꼼씨는 꼼꼼히 살피고, 곰곰이 생각했어요.
"나뭇조각 중 두 개만 옮기면 사라진 의자가 되겠는걸!"
그러고는 나뭇조각 두 개를 옮겨서 보여 주었어요.
"사라진 의자와 똑같지?"

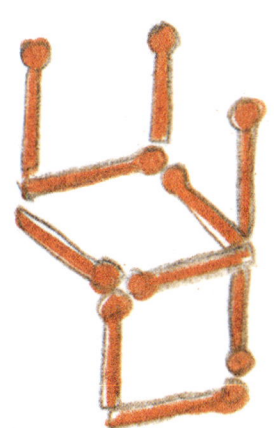

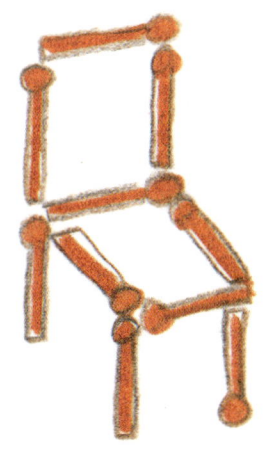

← 첫번째 그림에서 나뭇조각 두 개를 옮겨 옆의 그림처럼 만들어 보세요.

"무슨 소리! 사라진 미술품은 모두 3개야! 그러니, 나머지도 모두 찾아야 해!"

꼼꼼씨는 사자 조각상을 주인 앞에 내 놓았어요.

"자, 이제 하나만 더 찾으면 당신이 도둑이야!"

꼼꼼씨는 가게 벽에 반만 나와 있는 조각품을 가리켰어요.

"저건 뭐지?"

주인은 깜짝 놀란 표정으로 더듬거렸어요.

"저, 저건 아니야! 보라고, 사라진 조각품은 컵이야. 하지만 이건 사람 얼굴이 조각되어 있는 걸!"

꼼꼼씨는 옆에 걸려 있는 거울을 들고 왔어요.
"어디, 이게 사람 조각인지 컵 조각인지 보자고!"
꼼꼼씨는 조각품 가운데 거울을 가져다 댔어요.
거울을 비추니 완전한 컵 모양이 드러났지요.
주인은 그제야 뒷걸음질치며 달아나려 했어요.
하지만 경찰이 미술품 도둑을 잡아갔지요.
꼼꼼씨 덕분에 사라진 미술품을 찾은 마을 사람들은 꼼꼼씨에게 큰 상을 주었어요. 꼼꼼씨는 신문에도 크게 실렸고요. 덕분에 꼼꼼씨는 마을에서 유명한 탐정이 되었답니다.

토끼네 야채 가게 (분류하여 세어 보기)

토끼네 야채 가게에는 야채가 그득그득 쌓여 있어요.
하지만 손님이 한 명도 없어서, 저녁이 되면 야채가 시들시들 시들어 버리지요.
동물들이 토끼네 야채 가게를 지나가며 수근거렸어요.
"야채를 저렇게 뒤죽박죽 쌓아 놓으면 어떻게 해?"
"그러게 말이야. 전에 배추 한 포기 사러 갔다가, 토끼가 배추를 찾지 못해서 그냥 왔잖아."
"쯧쯧, 같은 것끼리 나누면 찾기도 쉽고 얼마나 좋아?"

토끼는 귀를 쫑긋거리다가,
동물들의 말대로 같은 것끼리 나누기로 했어요.
"같은 색깔끼리!"
"와, 가게 안이 훨씬 깨끗해진 것 같아!"
그러자 손님도 찾아왔어요.
"시금치 한 단 주세요."
"그러니까……, 시금치가 어디에 있더라."
토끼는 초록색 통을 뒤적뒤적, 그 바람에 야채 잎들이 후두둑 떨어져 나갔지요. 손님은 인상을 찌푸리며 휙 나가 버렸어요.
"이렇게 뒤적거리면 야채가 상하잖아요. 안 사요, 안 사!"
토끼는 거의 울상이 되었어요.
"색깔끼리 말고, 야채 종류대로 나눌 걸. 시금치는 시금치끼리, 당근은 당근끼리!"
그래서 토끼는 그렇게 했지요.

다음 날부터 신기하게도 시들어 버리는 야채는 줄고, 손님은 북적북적 많아졌어요.

"당근 주세요."

"네, 여기 있습니다."

"파 한 단 주세요."

"네, 여기 있습니다."

토끼는 야채를 뒤적이지 않고 척척 내주었어요.

"내일은 무엇을 얼마나 가져다 놓아야 할까? 오늘은 당근이 없어서 못 팔았어. 무는 저렇게 많이 남았네."

그래서 토끼는 팔린 것들을 헤아려 보기로 했어요.

"그림그래프!"

팔린 양을 그림 스티커로 붙여 보자!

"그런데, 콩이나 팥은 어떻게 표시하지? 한줌만 사는 이도 있고, 한 바구니를 사는 사람도 있는데."
토끼는 콩이나 팥처럼 헤아리기 힘든 건 막대그래프로 그리기로 했어요.

토끼는 낮에는 열심히 장사를 하고, 밤에는 그날 그날 팔린 것과 손님의 수를 그래프로 그려 보았어요.
"우리 집에 많이 오는 손님은 원그래프로 만들어 보자."

토끼네 야채 가게는 나날이 커져 갔어요.
날마다 그래프를 그리고 확인하니, 남아서 버리는 야채도 줄고, 없어서 못 파는 일도 없어졌어요.
"어디, 날마다 얼마나 팔았는지 그래프로 만들어 볼까?"
토끼는 싱싱한 야채가 많이 나는 곳을 지도 위에 그림그래프로 표시했어요.
"감자는 여기에서 사면 토실토실하고 맛있어."
"시금치는 이곳의 시금치가 최고지!"
덕분에 토끼네 야채 가게는 또 다른 동물들로 북적거렸어요.

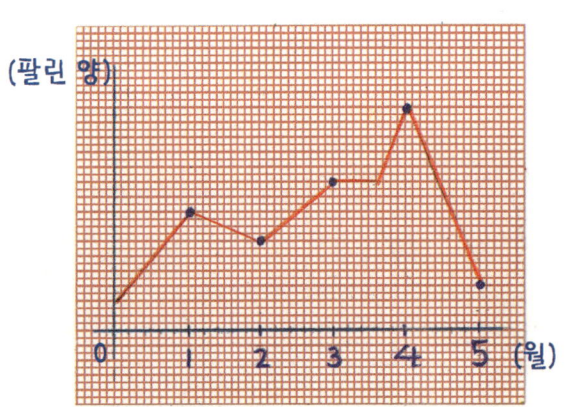

계속해서 팔린 양이 늘어났네. 그런데, 5월에는 왜 줄었지?

"그래프 그리는 방법 좀 알려 주세요."

"물건을 어떻게 나누어 정리해야 하죠?"

토끼는 전보다 훨씬 바쁘고, 잠도 조금밖에 못 잤어요. 하지만 야채 가게를 하는 것도, 또 동물들에게 그래프를 가르쳐 주는 것도 모두 즐거웠답니다.

최고의 선물 (규칙과 패턴)

뭉뭉이와 봉봉이는 탱글탱글 구슬을 꿰고 있어요.

"목걸이를 만들어서 선물하면 할머니께서 좋아하실 거야."

"봉봉아, 색깔 잘 맞춰서 끼워. 빨강 다음에 노랑, 그 다음에 파랑! 빨강, 노랑 순서로 끼워야 해!"

하지만 계속 틀리게 끼우는 뭉뭉이를 봉봉이가 나무랐어요.

"야! 이게 뭐야. 안되겠다. 여기에 숫자를 써 줄게. 그럼, 숫자 순서대로 끼워!"

하지만 이를 어쩌죠.

노란 구슬이 많이 모자라네요.

"안되겠다. 노랑색은 빼고 끼우자. 그럼, 빨강 파랑 순서대로 끼워야 해. 그러니까 숫자로는 1, 3, 4, 6, 7…… 규칙을 찾아봐. 그러면 쉬워."

"휴, 어려워! 잠깐 화장실에 다녀올게."

뭉뭉이가 벌떡 일어서는 순간, 구슬이 와르르르르! 옷장 밑으로, 침대 밑으로 데구르르 굴러 들어갔어요.

봉봉이와 뭉뭉이는 발을 동동 굴렀어요.

"어떻게 해! 할머니 목걸이를 만들 수가 없잖아."

뭉뭉이도 미안한 마음에 머리를 긁적긁적!

그때 봉봉이가 뭉뭉이를 바라봤어요.

"목걸이 말고 노래와 춤을 할머니께 보여드리자!"

"노래? 춤?"

"그래, 노래와 춤도 규칙만 잘 정하면 쉽게 할 수 있지."

"자, 우선 노래를 해 보자! 박자를 맞추면 돼."

봉봉이는 입으로 쿵쿵짝쿵 소리를 냈어요.

"쿵쿵짝쿵 쿵쿵짝쿵 쿵쿵짝쿵… 야호, 재미있다!"

박자 노래를 부르자, 절로 어깨가 들썩들썩!

봉봉이는 신나서 소리쳤어요.

"자, 이제부터 여기에 맞추어 춤을 추는 거야!"

*봉봉이 춤 규칙대로 한다면, 16번째에는 어떤 동작이 나올지 생각해 보세요.

정답 : D

드디어 할머니의 생신 날이 되었어요.
"할머니, 생신 축하드려요. 우리가 만든 박자 노래와 춤을 봐 주세요."
먼저 뭉뭉이가 쿵쿵짝 박자 노래를 시작했어요.
그리고 봉봉이가 폴짝폴짝 춤을 추기 시작했지요.
"어이쿠, 우리 뭉뭉이와 봉봉이가 춤과 노래를 아주 잘 하는 구나. 정말 멋진 우리 손자들! 오늘 최고의 생일 선물을 받는 구나."
할머니도 어깨를 들썩들썩 즐거워 했어요.

깡통 숙제 로봇 (문제 푸는 방법 찾기)

"숙제는 힘들어! 숙제를 해 주는 로봇이 있었으면 좋겠다!"
제제의 말에 할아버지가 맞장구를 쳤어요.
"옳거니! 우리 제제를 위해 할아버지가 깡통 숙제 로봇을 만들어 주마!"
제제네 할아버지는 유명한 발명가예요. 할아버지는 하루 종일 뚝딱뚝딱 로봇을 만들더니. 다음 날 제제가 학교에서 돌아오자, 깡통으로 만든 낡은 로봇 하나를 내밀었지요.
"네가 숙제를 척척 해낼 수 있게 도와줄 거다. 하지만 네가 숙제 하는 방법을 잘 설명해 줘야 해. 알겠지?"

제제는 깡통 숙제 로봇을 데리고 방으로 왔어요.
"자, 오늘은 수학 숙제가 있어. 어서 문제를 풀어 봐."
제제가 수학 숙제를 내밀자, 깡통 로봇은 갸우뚱갸우뚱!
"이게 뭐야…… 삐리리…… 어떻게 해…… 삐리리……."
제제는 한숨을 푹 내쉬었어요.
"할아버지께서 방법은 내가 설명해 줘야 한다고 하셨지?"
제제는 또박또박 문제를 읽어 내려갔어요.
"나뭇잎에 달팽이 22마리가 있습니다. 그 중에서 13마리가 나뭇잎을 내려 갔습니다. 나뭇잎 위에 있는 달팽이는 모두 몇 마리일까요?"

"우선 식을 만들어야 해. 22-13=? 자, 이제 풀어 봐!"
하지만 여전히 깡통 로봇은 갸우뚱갸우뚱!
"이렇게 하면 답은 9잖아!"
제제는 자기가 푼 문제의 답을 숙제 공책에 적었어요.
"자, 다음 문제는 네가 풀어야 해!"
제제는 흠흠 목소리를 가다듬고 문제를 읽었어요.
"사탕이 24개 있습니다. 사탕 몇 개를 동생에게 주었더니, 사탕이 10개 남았습니다. 동생에게 준 사탕은 몇 개입니까?"
그러자, 깡통 숙제 로봇은 입맛만 쩝쩝 다셨어요.
"쩝쩝…… 쩝쩝…… 나도사탕줘…… 나도사탕좋아……."
제제는 하는 수 없이 숙제 하는 방법을 알려 줬어요.
"자, 잘 봐! 이건 □가 있는 식을 만들어 문제를 해결해야 해! 24개에서 동생에게 준 만큼을 □로 써서 빼 주는 거야. 그러면 식은 24-□=10! 어때? 쉽지? 풀어 봐."
하지만 깡통 숙제 로봇은 통통 깡통 소리만 냈어요.

"봐봐! 24에서 몇을 빼면 10이 되겠어? 14잖아!"

"왜…… 왜 14야…… 삐리리……."

"자, 이렇게 사탕을 동그라미로 그려서 문제를 풀면 쉽게 풀 수 있어. 어때? 지운 개수가 14개! 맞지?"

제제는 이번에도 스스로 답을 적었어요.

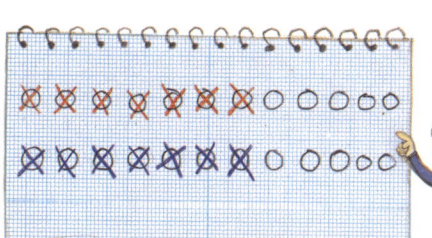

X표를 세아리면 답이 나오지?

"이거 뭐야? 이제 한 문제 남았잖아."

제제는 마지막 문제라도 숙제 로봇이 풀어 주기를 바랐어요. 그래서 마음을 가다듬고 숙제 로봇을 타일렀어요.

그리고 제제는 천천히 문제를 읽었어요.

"여기 그림을 잘 봐. 로봇이 학교에 가려고 합니다. 로봇이 걸어서 학교까지 갈 수 있는 방법은 모두 몇 가지입니까?"

하지만 숙제 로봇은 멀뚱멀뚱! 결국 제제는 그림 위에 가는 방법을 하나씩 그려 6가지라는 답을 찾아냈어요.

제제가 숙제 공책을 덮으려는 순간, 숙제 로봇이 학교에 가는 시늉을 하며 쿵쿵거렸어요.

"여기는 로봇학교…… 제제는 로봇 선생님…… 제제는 수학 박사…… 제제는 똑똑해……."

숙제 로봇의 말에 제제는 숙제 공책을 쓱 훑어 봤어요.

"어? 정말 내가 수학 숙제를 혼자 다 풀었네."

제제는 우쭐해져서 할아버지 방으로 달려갔어요.

"할아버지, 숙제 다 했어요. 모두 할아버지의 발명품 덕분이에요. 정말 제가 숙제를 스스로 척척 해낼 수 있게 해 주던 걸요."

제제의 말에 할아버지는 엄지 손가락을 세워 보였어요.

"그럼, 우리 제제가 해낼 줄 알았지. 우리 제제 만세다!"

교과서 엿보기

맞춤수학10

〈보기〉에 따라 ○안에 알맞은 수를 써 넣으세요.

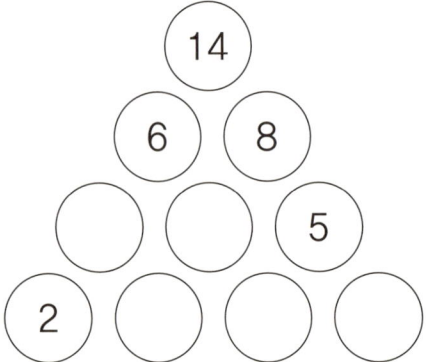

〈보기〉
8을 두 수로 가르면 5와 3이 됩니다.
또 5를 두 수로 가르면 3과 2가 되고,
3을 두 수로 가르면 2와 1이 됩니다.

맞춤수학11

보기와 같이 점판 위에 점을 이어서 여러 가지 도형을 그려 보세요.

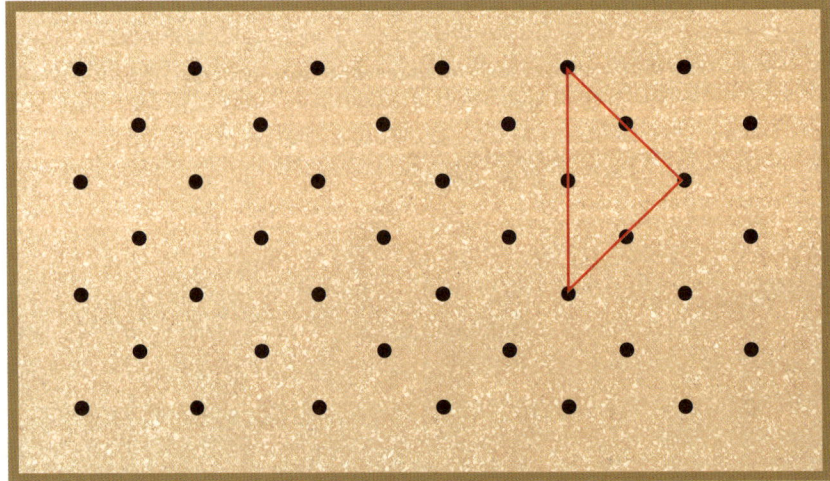

맞춤수학12

친구들이 좋아하는 음식을 조사해 보세요.

음식	자장면	불고기	피자	라면	케이크
친구 수					

(1) 가장 많은 친구들이 좋아하는 음식은 무엇인가요?

(2) 가장 적은 친구들이 좋아하는 음식은 무엇인가요?

맞춤수학13

규칙에 맞게 빈 곳에 놓아야 할 것을 말해 보세요.

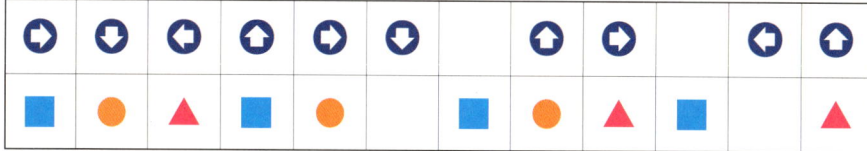

맞춤수학14

그림과 같이 점이 6개 있습니다. 점 4개를 선으로 연결하여 여러 가지 네모 모양을 그려 보세요.

• • •

• • •

• • •

수학이랑 놀기

아직도 '수학'이라는 말만 들어도
다리가 후들후들, 속이 울렁울렁거리는 거야?
혹시 그렇더라도 너무 걱정하지는 마.
매일매일 5분씩이라도 나랑 놀다 보면,
후들증도 울렁증도 모두 사라질테니.
내 말을 믿고, 어서 나를 불러 봐!
수학아, 놀~자!

신기한 구구 항아리 (곱셈의 기초)

가난한 농부가 돌이 가득한 밭을 고르고 있었어요.
"콩을 심어 콩떡 해 먹고, 팥을 심어 팥죽 쒀 먹어야지."
그때 돌 더미 사이에서 항아리 윗동이 반짝반짝!
"엥? 밭에 웬 항아리가 묻혀 있지?"
농부는 조심조심 땅을 파서 항아리를 꺼냈어요.
"에이, 텅 비어 있잖아."
농부는 항아리를 옆으로 치워 놓고 일을 했어요. 그런데 집으로 돌아갈 시간이 되자 고민이 되었지요.
"버리고 가자니 아깝고, 들고 가자니 쓸모가 없고. 집으로 가져가도 항아리에 넣을 게 있어야 말이지. 그래, 쓰레기통으로라도 쓰자!"
농부는 먹다 남은 개떡을 항아리 속에 던져 넣고 항아리를 짊어졌어요.

순간, 하늘에서 비둘기가 '구구!' 하고 울었고, 항아리에서는 개떡 9개씩 9묶음이 와르르 쏟아져 나왔어요.
깜짝 놀란 농부는 항아리를 내려놓고 개떡을 헤아렸어요.
"어이쿠, 웬 개떡이냐! 9개씩 9묶음, 81개나 나왔네."
농부는 항아리를 이고, 개떡을 들고 집으로 달려갔어요.
"여보, 아버지 제사상에 올릴 조기 한 마리 가져오시오."
농부는 소금에 절어 비틀어진 조기 한 마리를 항아리에 던져 넣었어요. 그리고 비둘기처럼 입을 모아 "구구!"하고 소리쳤지요. 그러자, 이번에도 조기가 9마리씩 9묶음, 81마리가 쏟아져 나왔어요.
"얼씨구, 절씨구, 신기한 항아리로다!"

농부는 항아리를 조심조심 방 안으로 옮겼어요.
아내는 조기를 들고 들어오며 호들갑을 떨었어요.
"아이고, 이 귀한 조기를 이렇게 많이 얻었네."
아내가 좋아하다 그만 조기 한 마리를 항아리에 또 빠뜨렸어요. 그러자, 농부가 성을 내며 소리쳤어요.
"칠칠맞게 자꾸 떨어뜨리오? 칠칠맞게!"
그러자, 이번에는 항아리에서 조기 7마리씩 7묶음, 49마리가 쏟아져 나왔어요. 농부와 아내는 눈이 휘둥그레졌어요.
"옳거니! 수를 바꾸어 말해도 되는 구려!"

그날부터 농부와 아내는 먹고 싶은 것이며, 필요한 물건을 항아리에 넣고, 숫자를 말했어요.

"달걀 두 개씩 삶아 먹읍시다!"
농부가 달걀을 넣고
"이이!" 외치면,
달걀 2개씩 2묶음이
항아리에서 나왔어요.

"옆집에서 얻어온 옥수수,
세 자루씩 먹어 볼까요?"
아내는 옥수수를 넣고
"삼이!" 외쳤지요.
그러자, 옥수수 3자루씩
2묶음이 나왔어요.

구구 항아리 덕분에 농부와 아내는 힘들게 일을 하지 않고도 배불리 먹고, 부자로 살 수 있었어요. 농부는 나날이 게으름과 욕심만 늘어갔어요.

그러던 어느 날, 아내가 친정에 다니러 갔어요. 농부는 방에서 뒹굴거리다가 마당에 떨어진 알 하나를 보았어요.

"무엇이든 많으면 많을수록 좋은 법! 심심한데, 달걀이나 잔뜩 만들어 볼까?"

농부는 알을 항아리에 넣고 말을 하려는 순간, 하늘에서 비둘기가 "구구!" 하자, 항아리 안에서 알이 데굴데굴 굴러 나와 쩍쩍 갈라지는데, 그 안에서 구렁이가 한 마리씩 나오는 거예요.

"어이쿠, 구렁이 알이었구나!"

욕심만 부리던 농부는 돌밭이 있던 산으로 뒤도 돌아보지 않고 도망쳤답니다.

곱셈 구구법

2단
2 × 1 = 2
2 × 2 = 4
2 × 3 = 6
2 × 4 = 8
2 × 5 = 10
2 × 6 = 12
2 × 7 = 14
2 × 8 = 16
2 × 9 = 18

3단
3 × 1 = 3
3 × 2 = 6
3 × 3 = 9
3 × 4 = 12
3 × 5 = 15
3 × 6 = 18
3 × 7 = 21
3 × 8 = 24
3 × 9 = 27

4단
4 × 1 = 4
4 × 2 = 8
4 × 3 = 12
4 × 4 = 16
4 × 5 = 20
4 × 6 = 24
4 × 7 = 28
4 × 8 = 32
4 × 9 = 36

5단
5 × 1 = 5
5 × 2 = 10
5 × 3 = 15
5 × 4 = 20
5 × 5 = 25
5 × 6 = 30
5 × 7 = 35
5 × 8 = 40
5 × 9 = 45

6단
6 × 1 = 6
6 × 2 = 12
6 × 3 = 18
6 × 4 = 24
6 × 5 = 30
6 × 6 = 36
6 × 7 = 42
6 × 8 = 48
6 × 9 = 54

7단
7 × 1 = 7
7 × 2 = 14
7 × 3 = 21
7 × 4 = 28
7 × 5 = 35
7 × 6 = 42
7 × 7 = 49
7 × 8 = 56
7 × 9 = 63

8단
8 × 1 = 8
8 × 2 = 16
8 × 3 = 24
8 × 4 = 32
8 × 5 = 40
8 × 6 = 48
8 × 7 = 56
8 × 8 = 64
8 × 9 = 72

9단
9 × 1 = 9
9 × 2 = 18
9 × 3 = 27
9 × 4 = 36
9 × 5 = 45
9 × 6 = 54
9 × 7 = 63
9 × 8 = 72
9 × 9 = 81

티라노 형제, 만세! (나눗셈의 기초)

쌍둥이 티라노사우루스, 티라와 티노는 무엇이든 똑같이 나누었어요. 동그랗고 맛있는 나무 열매도 반으로 똑같이 나누어 먹고!

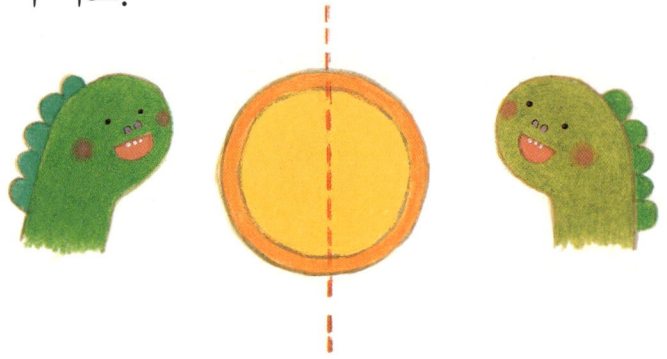

엄마가 주는 고기도 반으로 똑같이 나누어 먹었지요.
"어떤 모양이어도 똑같이 반으로!"
"그럼, 그럼, 우리는 다정한 쌍둥이 티라노니까!"

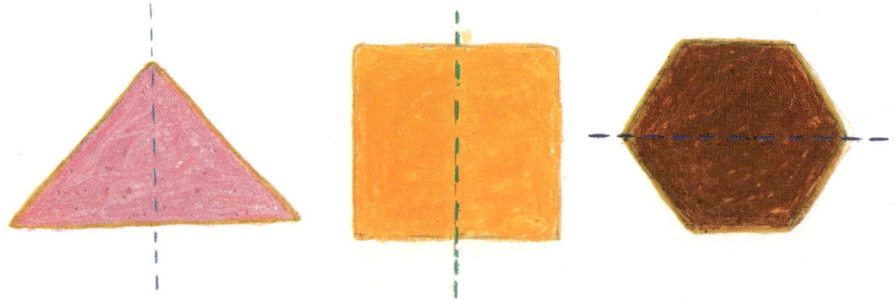

쌍둥이 티라노는 요상한 모양의 것도 똑같이 나누는 재주가 있었지요. 가끔 어른 공룡들이 쌍둥이 티라노를 시험해 보기도 했어요. 그럴 때면, 쌍둥이 티라노는 한참 동안을 머리를 맞대고 모양을 똑같이 나눌 방법을 생각해 냈지요.

그러던 어느 날, 쌍둥이 티라노에게 동생이 생겼어요.
엄마는 티라와 티노에게 단단히 일렀어요.
"동생에게도 똑같이 나누는 방법을 알려 주렴."
티라와 티노는 둘이니까, 언제나 똑같이 반으로 나누면 됐어요. 하지만, 이젠 동생까지 셋으로 나누어야 했지요.
티라와 티노는 동그란 나무 열매를
셋으로 나누는 방법을 곰곰이
생각했어요. 그리고 동생에게
나무 열매를 똑같이 셋으로
나누는 방법을 알려 주었지요.

"어떤 모양이어도 똑같이 셋으로!"
"그럼, 그럼, 너희는 다정한 삼 형제니까!"
얼마 후 또 동생이 둘이나 더 태어났어요.
티라와 티노, 그리고 동생 셋!
이제 무엇이든 다섯으로 나누어야 했지요.
엄마가 가져다 주는 고기는 다섯으로 똑같이!
물론, 이런 모양도요!

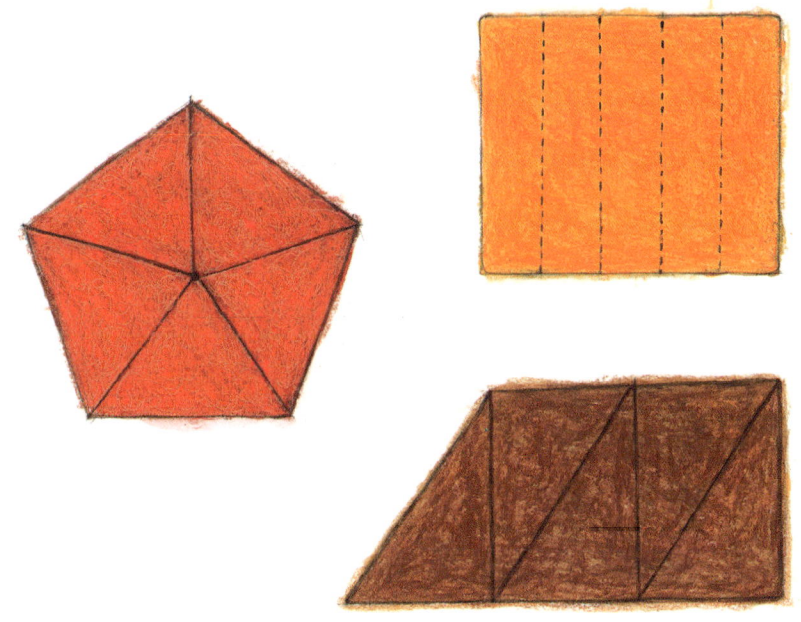

티라노 형제들은 자라고 자라 넓은 공룡의 땅을 다스리게 되었어요.
땅을 다섯으로 똑같이 나누어 다스렸고, 백성 공룡들에게도 무엇이든 똑같이 나누어 주었어요.
어느 날, 스테고사우루스 형제가 티라를 찾아왔어요.
"티라님! 우리 형제가 나무 열매를 똑같이 나누려 하는데, 열매 하나가 남습니다. 남은 열매 한 개를 반으로 나누지 않고 가질 수 있는 방법이 없을까요?"
티라는 빙그레 웃으며 말했어요.
"방법이 있지. 남은 열매 한 개는 땅에 묻어 두거라. 시간이 흐르고 나면, 똑같이 나누어 가질 수 있게 될 거야."
스테고사우루스 형제는 티라의 마음을 이해할 수 없었어요. 하지만 방법이 없으니 티라가 하라는 대로 했지요.
세월이 흐른 후, 땅에 묻은 열매는 싹을 틔우고, 무럭무럭 자라났어요. 그리고 주렁주렁 탐스러운 열매를 맺었지요.

스테고사우루스 형제는 열매를 똑같이 나누어 가질 수 있었을 뿐 아니라, 다른 공룡들과도 나누어 먹을 수 있었어요.
아무리 아무리 먹어도, 열매는 계속 주렁주렁 열렸거든요.
"티라님, 만세! 티라노 형제, 만세!"

미국 가는 목마 (확률과 통계의 기초)

예진이는 골이 잔뜩 났어요.
오늘은 엄마가 컴퓨터 게임을 못하게 했거든요.
"쳇, 엄마는 이랬다 저랬다 해. 전에 이모가 왔을 때는 하게 했으면서……."
투덜거리는 예진이를 엄마는 무릎에 앉히고 토닥토닥 예진이의 등을 두드리며 이야기를 시작했지요.
엄마가 어렸을 때, 목마를 끌고 다니는 아저씨가 있었단다. 멀리서 귀에 익은 동요 소리가 들려오면, 엄마의 마음은 두근두근 뛰기 시작했지. 엄마는 엄마의 엄마, 그러니까 외할머니 앞에 가서 두 손을 내밀어. 그러면 외할머니의 대답은, "그래. 오십 원 어치만 타고 와라."

아니면, "오늘은 안 돼." 둘 중 하나였지.

그런데 말이야. 열흘(10) 중에 바지 입은 날이 두(2) 번, 치마 입은 날이 여덟(8) 번. 가만 보니 치마 입은 날 목마를 더 많이 탄거야. 엄마는 그 날부터 목마를 타러 갈 때에는 꼭 치마를 입었어.

목마는 빨강, 파랑, 노랑, 하양, 초록!

엄마는 빨강 목마를 좋아했어. 왜냐고? 빨강 목마에는 '미국'이라고 써 있었거든. 엄마는 미국을 꼭 한 번 가보고 싶었어. 하지만 늘 빨간 목마를 차지할 수 있는 건 아니었어. 누가 먼저 목마에 타고 있으면 아저씨는 나를 다른 목마에 태웠거든.

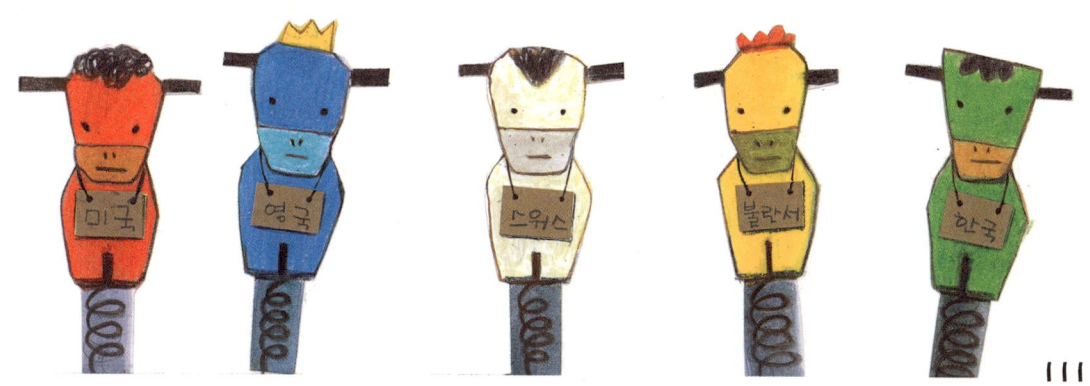

그런데 이상한 건 빨간 말을 탔던 열(10) 번 중, 일곱(7) 번은 긴 코끼리 모자를 쓰고 갔던 날이고, 세(3) 번은 안 쓰고 갔던 날인 거야. 그래서 엄마는 꼭 긴 코끼리 모자를 쓰고 목마를 타러 갔단다.

빨간모자\일	1일	2일	3일	4일	5일	6일	7일	8일	9일	10일
🎩	○			○	○		○	○	○	○
👧		×	×			×				

그런데 이상한 건 빨간 고무신을 신고 가는 날 중에 여섯(6) 번은 안 기다리고 빨간 목마를 골라 타고, 네(4) 번은 기다렸다 목마를 탔지. 그래서 엄마는 꼭 빨간 고무신을 신고 나갔지.

그러던 어느 날, 하늘이 뿌옇게 흐려지더니 까만 먹구름이 몰려왔어.

우르르 쾅쾅 천둥도 치고 금세 비가 쏟아졌지.
엄마는 목마를 타고 싶은 마음에 치마를 꺼내 입고, 코끼리 털모자를 쓰고, 빨간 고무신까지 신었어.
하지만 아무리 기다려도 목마 아저씨는 오지 않았어.
다음 날도, 그 다음 날도…….

그렇게 며칠 동안 엄마는 옷도 안 갈아 입고 목마를 기다렸지. 잠을 잘 때도 모자에 신발까지 신고 잤는 걸.

그러던 어느 날, 외할머니께 호되게 혼이 났고, 그제야 엄마는 빨아 놓은 깨끗한 새 옷으로 갈아 입었어.

그런데, 그때 기적 같은 일이 벌어졌지 뭐니.

바지를 입고, 모자도 쓰지 않고, 빨간 고무신도 신지 않았는데, 목마 아저씨가 온 거야.

외할머니는 "오랜만이니 목마를 타고 오거라." 하셨고, 목마를 타러 가서도 1등으로 빨간 말을 고를 수 있었지.

그날 이후로는 빨간 모자를 쓰지도, 빨간 신발을 신지도 않았어.

우리 딸도 혹시 컴퓨터 게임을 하려고 이모가 오는 날만을 손꼽아 기다리는 건 아니야? 엄마가 예진이에게 컴퓨터 게임을 하게 해 주는 날은 어떤 날이었는지 곰곰이 생각해 봐. 혹시 숙제를 미리미리 다 해 놓은 날은 아니었을까?

컴퓨터 게임을 했던 열 번 중에 예진이의 어떤 행동이 많았던지 헤아려 보렴. 그 안에 비밀이 숨어 있을 거야.

문어 아주머니의 양말 만들기 (측정의 필요성)

찰랑찰랑 바닷속에도 겨울이 찾아왔어요.

문어 아주머니는 여덟 개의 다리를 오무리며 말했어요.

"바닷물이 점점 차가워지고 있어. 발이 시려서 견딜 수가 없네. 물풀 양장점에 가서 양말을 맞춰 신어야겠어."

문어 아주머니는 물풀이 찰랑거리는 물풀 양장점으로 헤엄쳐 갔어요.

물풀 양장점에서는 꽃게 아저씨가 물풀을 잘라 재단을 하고, 새우 할머니가 바느질을 해서 옷가지를 만들지요.

"어서 오세요, 문어 아주머니."

꽃게 아저씨가 문어 아주머니를 반갑게 맞이했어요.

"양말을 만들려고요. 발이 시려서 견딜 수가 없어요."

"어디 다리를 좀 들어 보세요."

꽃게 아저씨는 물풀 한 가닥을 뽑아 문어 아주머니의 다리 하나의 길이를 쟀어요.

"됐습니다! 이 길이로 여덟 짝을 만들면 되겠네요."

"내일까지 만들어 주세요! 잘 부탁해요."

문어 아주머니는 인사를 하고 집으로 돌아갔어요.

다음 날, 문어 아주머니가 양말을 찾으러 왔어요.
꽃게 아저씨는 똑 같은 크기의 양말 여덟 짝을 자랑스럽게 내놓았어요.

문어 아주머니는 양말을 하나씩 신어 보더니 인상을 찌푸렸어요.
"이건 꼭 맞지만, 이건 너무 길어요. 또, 이건 너무 짧고! 이건 꽉 끼는 걸요. 어떻게 된 거죠?"
그제야 꽃게 아저씨는 문어 아주머니의 다리 길이가 모두 다르다는 것을 알았어요. 게다가 굵기도 서로 달랐지요. 꽃게 아저씨는 아무 말도 못하고 등껍질만 긁적였어요.
새우 할머니는 등을 굽혀 절을 하며 용서를 구했어요.

"죄송합니다. 저희가 다리 길이를 정확히 재지 못해서 그랬나 봐요. 다시 길이와 굵기를 정확히 재고 꼭 맞는 양말을 만들어 드릴게요. 다리를 하나씩 내밀어 보세요."
문어 아주머니는 하는 수 없이 다리를 하나씩 내밀었어요. 새우 할머니는 산호 조각으로 문어 아주머니의 다리를 하나씩 정확하게 재었어요.
"첫 번째 다리는 산호 6조각, 두 번째 다리는 산호 4조각, 세 번째 다리는 산호 8조각……."
"자, 이번에는 굵기를 잴 거예요."

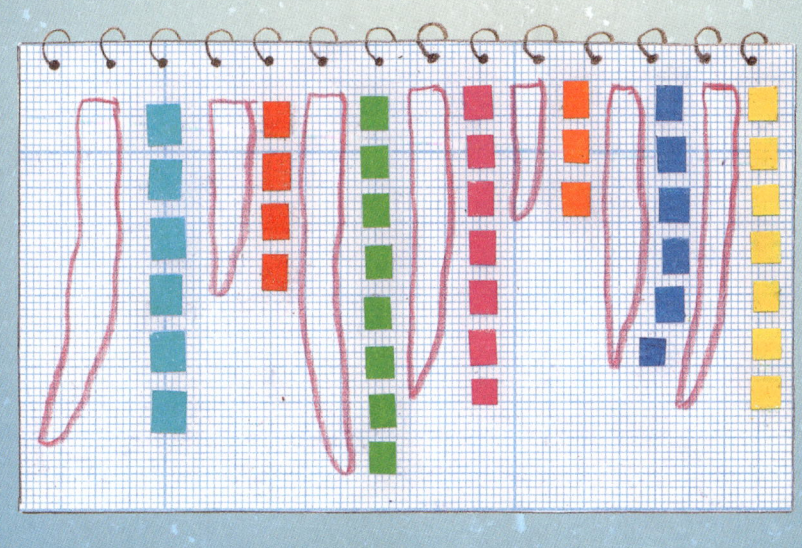

새우 할머니는 보들보들한 물풀을 들고 문어 아주머니의 다리 여기저기에 둘러 보며 굵기를 표시했어요.
문어 아주머니가 돌아가자, 새우 할머니는 꽃게 아저씨에게 다리 길이며, 굵기를 꼼꼼히 알려 주었어요. 꽃게 아저씨는 새우 할머니가 일러 준 대로 정확하게 물풀을 잘랐지요. 새우 할머니는 다시 양말을 만들었어요.

다음 날, 문어 아주머니가 물풀 양장점을 찾아왔어요.
"자, 이번에는 꼭 맞을 거예요. 어서 신어 보세요."
꽃게 아저씨가 내민 양말 여덟 짝은 문어 아주머니의 다리에 꼭꼭 맞았어요.
"어머나, 꼭 맞아요. 정말 따뜻해요. 정말 고마워요."
이날 이후로 꽃게 아저씨는 보다 정확하게 치수를 재기 위해 노력하는 꼼꼼한 꽃게 아저씨가 되었대요.

1학년 1반의 아침 음악회 (음악과 수학)

월요일 아침 9시.

1학년 1반 해오름 터의 아침 음악회 시간!

소영이가 리코더를 들고 교탁 앞에 섰어요.

소영이는 발그레 상기된 얼굴로 심호흡을 하고, 손가락 번호에 맞추어 리코더를 잡아요.

"왼손 0, 1, 2, 3, 오른손 4, 5, 6, 7. 시작!"

피리리 피리리~ 리코더 소리가 해오름 터에 울려 퍼져요.

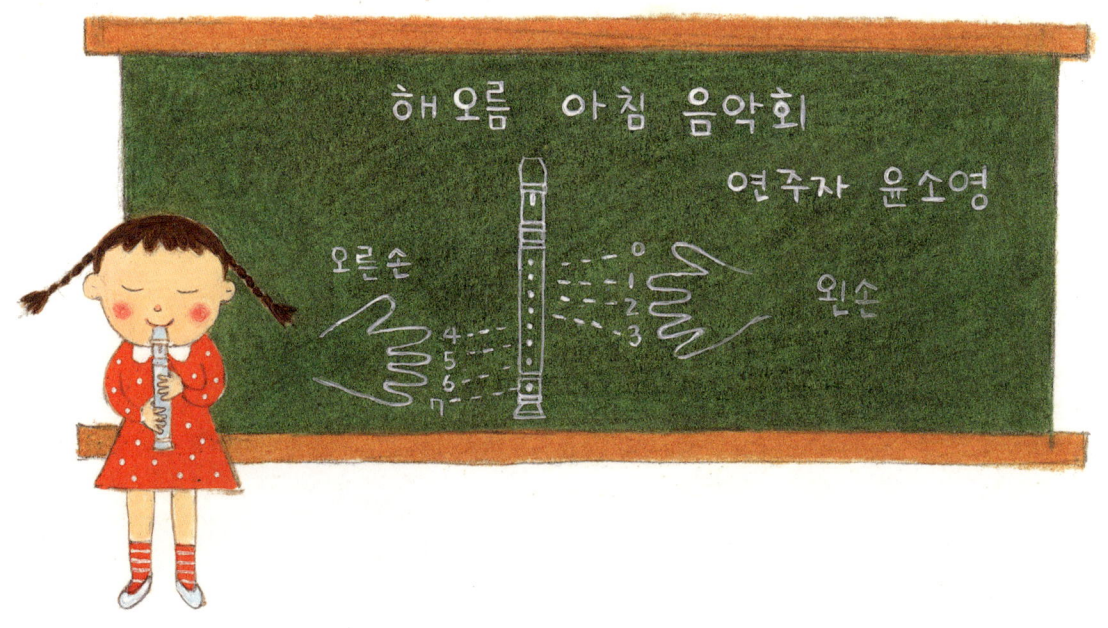

수요일 아침 9시. 연주자는 지각 대장
종명이. 오늘도 어김없이 지각이에요.
교실 문이 열리고 종명이가 허둥지둥 뛰어 들어왔어요.
하지만 손에는 악기가 들려 있지 않아요. 종명이는 두 손을
번쩍 들더니, 무릎과 손뼉을 번갈아 쳐요.

쿵쿵 짝짝 쿵쿵 짝짝
쿵쿵 짝짝 쿵쿵 짝짝

123

금요일 아침 9시. 해오름 터의 합주회 시간!

예림이가 지휘봉을 들고 나와 섰어요.

"하나 둘 셋 넷!"

아이들은 저마다 준비해 온 악기를 들고 연주를 시작해요.

피아니스트가 꿈인 우석이가 멜로디언을 연주해요.

부끄럼쟁이 유진이도 귀까지 빨개져서는 캐스터네츠를 짝 짝 두드렸지요.

큰북을 울려라 둥둥둥 / 작은북을 울려라 동동동
캐스터네츠 짝짝짝 / 탬버린은 찰찰찰 / 트라이앵글은 칭칭칭
해오름 터에서 흘러나온 음악은 저 멀리 하늘에 닿아 메아리가 되어 돌아옵니다.

교과서 엿보기

맞춤수학16

곱셈표를 만들어 보세요.

X	1	2	3	4	5	6	7	8	9
2									
4									
9									

맞춤수학17

사자는 주스의 반을 마셨고, 원숭이는 주스 $\frac{1}{2}$컵의 반을 마셨습니다. 사자와 원숭이가 마시고 남은 주스의 양만큼 색칠하고, 분수로 써 보세요.

맞춤수학18

올 해 8월의 날씨를 기록한 그래프예요. 다음 해 8월에는 어떤 날씨가 가장 많이 나타날지를 예측해 보고 그 이유를 이야기해 보세요.

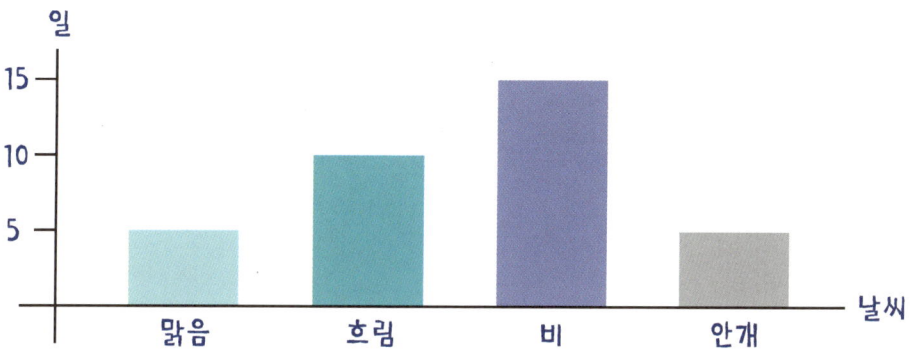

맞춤수학19

동그라미, 세모, 네모의 모양을 소리로 표현해 보세요. 그리고 아래 규칙에 맞추어 리듬을 만들어 불러 보세요.

모양	●	■	▲
소리	동	딱	둥떡

맞춤수학1

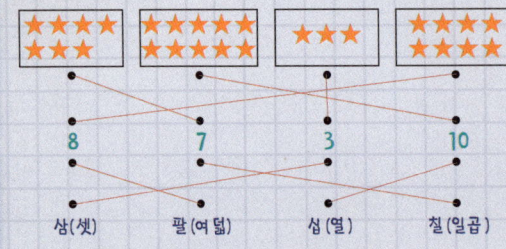

맞춤수학2
4, 8 / 7, 3 / 9, 4
이십사, 스물넷 / 오십삼, 쉰셋 /
팔십팔, 여든여덟 / 구십칠, 아흔일곱

맞춤수학3
예) 연필꽂이 / 분유통, 유리컵 / 공

맞춤수학4
7, 5, 2, 4, 9, 8

맞춤수학5
9-2=7 / 9-7=2 / 6+4=10 / 4+2=6

맞춤수학6
(1) 15-8=7, 7점
(2) 17-9=8, 8점
(3) 8-7=1, 1점
(4) 15+17=32, 32점

맞춤수학7
3, 5, 4

맞춤수학8

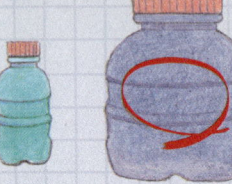

맞춤수학10
3, 3 / 1, 2, 3

맞춤수학13

맞춤수학16

X	1	2	3	4	5	6	7	8	9
2	2	4	6	8	10	12	14	16	18
4	4	8	12	16	20	24	28	32	36
9	9	18	27	36	45	54	63	72	81

맞춤수학17

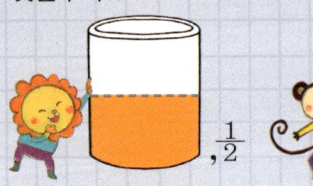 , $\frac{1}{2}$  , $\frac{1}{4}$

맞춤수학18
비, 올 해 8월 날씨 중 비가 온 날이 가장 많으므로

맞춤수학19
둥 딱 딱 둥떡 둥 딱 딱 둥떡 둥

맞춤수학9, 맞춤수학11, 맞춤수학12, 맞춤수학14
각자 풀어 보세요.